recíproco

GUI MOREIRA JR.

recíproco

1ª edição | São Paulo, 2021

LARANJA ● ORIGINAL

Lembro de comentar com as pessoas que não sou muito bom quando o assunto é me descrever. E é verdade. Sinto-me mais em desconstrução e construção do que nunca, e é exatamente por isso que os agradecimentos deste livro vão para a minha pessoa. Tenho orgulho da minha capacidade em permanecer sorrindo e sendo recíproco comigo. Sou grato por mais essa oportunidade de poder somar um pouco dos meus vários eus com quem estiver de posse deste livro. Eu tenho sorte e amor por ter encontrado na vida algo que muitos demoram uma ou várias delas para encontrar: a minha paixão, minha eterna vocação, por assim dizer.

Claro, agradeço imensamente a todos que fizeram parte de *recíproco* – vocês sabem do meu profundo respeito e estima. Agradeço a todos da editora Laranja Original, aos grandes amigos, aos amores que chegaram e partiram nos encontros da agridoce e inconfundível beleza que é a vida, mas que sempre acrescentaram algo aqui dentro deste coração emocionado e ainda com muitos versos para deixar voar.

porque sou recíproco 9

fragmentos recíprocos 23

eu sou recíproco o mundo queira ou não 33

porque sou recíproco

o amor é também
um monte de coisas
que você nunca confessou
ou mostrou até conhecer alguém

alguém que tira
mesmo sem conhecer você
todo o peso do seu peito
alguém com quem você
consegue finalmente
ser livre e em paz
com os seus medos
condições
sonhos
pontos negativos
e positivos
é alguém real pra você.
não que nunca tenha existido
outras pessoas na sua vida.
a diferença é que agora
você quer ser mais
do que pensa e guarda
em dias nublados

já faz tempo que ando
devendo me cuidar mais.
impossível eu ser amável
sem estar saudável

é desleal que eu mantenha
esse desinteresse pelas nuvens
presentes na minha cabeça.
o meu estado emocional
importa muito mais do que as
curvas e marcas expostas no
meu corpo.
preciso me curar
me entender
me aceitar
me pertencer
tudo isso vem antes e
nunca depois do amor
por outra pessoa.
me notar não tem nada a ver
com ignorar o mundo.
é apenas o meu eu cultivando
o universo de sensibilidades
que mora dentro de mim

chamamos de egoísmo
aquela ferida insistente
que o nosso coração
ainda não aprendeu a lidar

vai ver é por conta disso
que passamos a maior parte
dos nossos relacionamentos
buscando culpados.
é difícil encarar a balança das
próprias escolhas.
não é como se houvesse um
manual para casos crônicos
de pessoas emocionalmente
machucadas
interrompidas
confusas
ou apenas chatas
pelo menos não sem antes
entrar naquela salinha
geralmente localizada
no terceiro andar de algum
prédio recentemente pintado.
desvendar o que às vezes
nem sabemos o nome é um dos
maiores mistérios para quem
sonha em se desvencilhar dos
paralelos da alma para
desfrutar de um pouco de paz

para mim
quem ama de verdade
sabe que amor algum dura
com duas almas perdidas

o amor para ser bom
tem de chegar sorrindo
desde o primeiro encontro
com contos que realmente
antecederam essa conversa.
não serve iludir o coração
de quem você diz amar
apenas para ganhar o íntimo.
precisamos parar de amar
em contagem regressiva
e chantagem agressiva.
quem ama de verdade
vê amor na
rotina dos primeiros
até os últimos
detalhes do dia.
tem a ver com repensar os afetos
no lugar de querer consertar a pessoa.
me diga que você enxerga o amor
com o mesmo tesão que eu vejo
que nós teremos reencontros
e noites inteiras
para conhecermos um ao outro
todos os dias
duas almas não mais perdidas

a sua ausência dói quando estamos juntos
é como uma fotografia recortada ao meio
como se cada um de nós
fosse uma memória em preto e branco

eu fico perdido
sem a troca das nossas mãos.
o gosto da última vez
em que estivemos um dentro do outro
ainda me faz salivar
por uma saudade que eu sei
estar longe de acontecer.
na verdade ela pode jamais
existir novamente
porque quando você me
deixou emocionalmente
o seu corpo também
foi junto de você.
algo natural para quem
decidiu por uma outra vida
por uma outra jornada.
agora eu vou deitar
pensando pausadamente
nos sentimentos que não expressei
nas palavras silenciadas
com medo de assumir uma sensibilidade
criada para ficar escondida
reservada apenas para momentos
de puro desespero passional.
precisei te perder

para encontrar e aceitar
as estações que o meu peito abriga.
agora finalmente entendo
quando você disse deitada
nua ao meu lado que o seu orgasmo
começou bem antes
da gente se conhecer direito
e que ele secou depois que paramos
de reparar nos interesses da vida a dois

acho um desperdício
quando não tem conexão
de olhares, de ideias
– e, por que não, de prazeres?

o aconchego em qualquer lugar,
a disponibilidade em reparar
e contemplar quem é a alma
do lado oposto, do sorriso que atrai
seria muito mais fácil
caso ninguém fosse de coração,
mas é entregando-se o mais
fino e duradouro prazer.
é o encontro que fica
é a chama que não depende
do tempo, da sorte
é só encaixe.
não existe amar melhor
para visitar do que a sintonia
de quem sentiu tudo
e escolheu deixar o
mesmo tudo morar

externo – o coração dela ficou
inabitável durante um tempo
porque ele precisava cicatrizar
os amores passados

só se dando esse período
de solidão que ela pôde cogitar
passar todo esse processo
de conhecer alguém novo de novo
mas foi necessária muita calma da parte dela
e muita coragem ao mesmo tempo
para não se contentar
com qualquer promessa de amor oferecida.
ela soube regar o próprio jardim
até finalmente florescer
a sua independência e liberdade
para escolher ou não deixar o amor
externo com um espaço
reservado na sua vida

eu ouço o teu chamado
como um entrelace das
nossas pernas
no fim de noite

e o que importa,
o que aconchega e torna tudo leve,
é a certeza da sua cabeça
repousar no meu peito.
é da nossa cama estar habitada,
provando que dois corpos
ocupam sim o mesmo lugar.
um universo só nosso
no qual o sentido
são os nossos abraços na mesma direção.
o tempo não tem pressa
quando estamos deslizando
sobre a cama, sobre a nossa pele.
eu ouço o teu chamado
e num passe de mágica
apenas nos tornamos
tudo aquilo que sempre sonhamos:
inteiros entre nós mesmos

é acalanto saber da nossa sintonia
daquilo que, diferentemente de outros casais,
não precisamos abrir mão:
admiração pela individualidade de cada um;
afinal, parceria significa contemplação mútua
da outra metade

confesso que chego a me gabar
a sorrir com certo ar de superioridade
no que diz respeito ao quanto somos
de prioridade e cumplicidade entre nós.
o meu e o seu ego coexistem
não para disputar quem está mais à frente
mas para reparar e incentivar
quem não se encontra em movimento.
costumo falar para as pessoas
com muito orgulho
desse nosso trato de um apoiar o outro.
certamente aqui mora a exceção, e não a regra.
é amor imenso num único contexto.
que sorte a nossa

às vezes a vida é um apanhado
de reencontros inesperados
de reuniões antes impossíveis
mas que o tempo deu um jeito
de fazer acontecer,
porque o universo quis assim

e não adianta a gente
querer lutar contra
ou achar que é uma peça
pregada pelo destino.
existem relacionamentos
que precisavam de uma pausa,
de um intervalo em nossas vidas,
principalmente para
ressignificar quem somos
e quem essas pessoas eram
na época em que tudo aconteceu.
chega a ser engraçado
como tudo flui do jeito
mais recíproco possível
sem ao menos nos darmos conta.
eu digo que o universo
trabalha de forma amorosa.

fragmentos recíprocos

o amor é um beijo de
boa noite que nunca
espera o amanhecer
para acordar.

*

eu me apaixono
rápido porque já
conheço os gostos do
meu coração.

*

deixar alguém quando a
sintonia não tem volta é a
maior demonstração de
amor recíproco que
qualquer pessoa pode oferecer.

*

estar triste não faz de mim
um copo vazio de autoamor.
às vezes a dor ainda não é
fresca o suficiente.

*

eu não consigo não me importar.
olhar para os lados sem

lutar emocionalmente
contra o que está na minha frente

*

significa trair todos os amores
que levei anos construindo.
então, entro em rota de colisão
com basicamente tudo que me
aperte e insinue maltratar
este coração.

*

o amor ideal existe
ele só não chega naquela
embalagem montada por causa das
suas expectativas.
às vezes é equilíbrio emocional
que você precisa considerar.
afinal, o amor também é um
salto de responsabilidade.

*

eu e você é como imagino a vida.
nunca distantes de almas,
nunca ausentes de falas,
nunca descontentes por falhas.
eu e você aos nossos pés,
aos nossos sonhos,
aos nossos loucos encontros.

ser vulnerável é bonito demais.
demonstra que você se importa, que
você está disponível para o novo.
tudo bem ficar com o pé atrás por causa de
péssimas experiências.
só não tente deixar esse medo ditar a sua
liberdade de sentir, de somar.
ser vulnerável é entrada para os raros.

*

nunca foi tão necessário:
a minha prioridade nessa altura da vida é ficar de bem comigo.
é levar a sério a minha saúde emocional.
é saber me acompanhar e acolher.
é ter responsabilidade afetiva para ser honesto sobre o que sinto,
sem problemas para demonstrar, para entender, para aceitar.
quero autoamor.

*

pela vida, eu já conheci e precisei lidar com um bocado de
tortura emocional. a mais clássica é a de gente que não
quer estar com você, que quer a sua intimidade e não o deixa ir.
fica alimentando o seu querer sem ser minimamente recíproco.
tudo porque você é incrível com ela.
nunca mais.

*

prestar atenção no que a outra pessoa tem a dizer
é uma das reciprocidades que mais estão em falta hoje em dia.
não é qualquer pessoa que se encontra disponível e disposta

para acolher uma história, um desabafo.
mal sabem que silenciar o coração para o ouvir um alguém
é uma das atitudes mais lindas.

*

a melhor qualidade dela é saber
deixar ir as pessoas erradas.

*

enquanto o amor não vem,
vai lapidando os seus sentimentos.
vai aprendendo com a sua solidão.
vai percebendo as diferenças entre
saudades e relações tóxicas.
vai vivendo.
vai porque antes do amor chegar é importante
que você esteja em dia com a pessoa que você é hoje.

*

tenho riscado da minha lista de levezas
as coisas que não agregam mais.
também desisti daquelas pessoas que
não querem ou não conseguem retribuir os
afetos que mereço.
e está tudo bem.
não guardo mágoas.
o meu maior interesse hoje em dia é
cuidar dos meus sonhos.

não quero viver uma vida de experiências rasas,
de emoções que tocam os pés, mas nunca o corpo inteiro.
eu mereço me libertar. eu mereço me soltar de tudo aquilo que me
trava o amor, que me faz imaginar que sou menos.
eu mereço não pedir desculpas por quem sou e quero me tornar.
às vezes eu acordo assustado no meio da noite.
tenho medo de nunca mais saber como me amar.

*

hoje sou diferente de ontem
e amanhã serei diferente de hoje.
continuar o mesmo não atrai o interesse do
meu coração.
é sobre estar vivo e não apenas existindo.

*

são tantos eus,
que às vezes me perco dentro de mim.
a coisa boa disso é que acabo me conhecendo
mais do que ninguém nesse mundo.

*

ciclos são interrompidos diariamente.
contudo, o ciclo que nunca pode ser freado
é o da minha sede de viajar intensamente
rumo ao novo que sempre vem como
consequência do dia seguinte.

reciprocidade é ter um sentimento,
um comportamento mútuo.
pode ser de carinho ou de desapego.
desde que esse sentimento
respeite quem você é,
os envolvidos estarão entendidos.

*

as pessoas querem ser íntimas
e querem encontrar os seus respectivos pares.
Mas o que ninguém pergunta pra elas é:
elas já amadureceram o suficiente e estão
emocionalmente disponíveis e confiantes para
permitir que alguém faça parte de suas vidas?

*

o meu amor alvorece e prevalece
no momento em que suas pernas
tremem em sintonia com o meu
corpo sobre o seu.

*

a diferença entre o recíproco
e o não recíproco está na disposição
de quem oferece afetos.

*

o que me dá mais saudade é aquele
amor que foi tudo de si desde o começo.

esse é o que me faz mais falta.
significa que foi real.

*

eu não trago nenhum desejo
de continuar sendo a mesma pessoa.
eu sou do tipo que prefere descobrir
novas formas de ser.
o meu velho eu é ser um novo eu.

*

sempre fui paixão
em todos os abraços e beijos que
distribuí por aí.
reciprocidades são consequências.

*

o meu maior medo é o de passar
por essa vida sem ter elogiado
o máximo de pessoas possível
elogios são carinhos para
caminhos de amor e acolher.

eu sou recíproco o mundo
queira ou não

(gozar é uma escolha)

casualmente,
penso nos planos que tínhamos juntos.
se eu tirar a culpa do meu coração,
quase revivo os nossos melhores momentos.
engraçado que
durante muito tempo achei que isso
bastaria pra mim, mas não.
eu preciso me pertencer
e ter orgulho de seguir viagem
livre de você.

porque segundo os seus sentimentos,
eu era pouco
pro mundo que você idealiza
nessa tempestade chamada relacionamento.
mas hoje eu ganhei liberdade
e ela não é condicionada
a nada que tenha você ou para você.
as coisas mudaram
desde o nosso último adeus.
agora posso gozar.

(convite)

eu te proponho
um lugar diferente,
um sentimento
para encontro.

daqueles que ficam
não adoecem
e mudam a percepção
do tempo e do olhar.

não será breve
e o entrelace vem
sem prazo de validade,
só depende de nós.

o que proponho
não é normal
mas é sincero:
amor em todas as manhãs.

(o amor é jazz)

é como se cada nota
precisasse percorrer
esse corpo para se
tornar uma melodia.

a transformação dela
em letra acaba
sendo um processo
natural da sua alma.

e cada contorno
das suas curvas são catarses
das paisagens mais incríveis,
onde a composição ganha vida.

você é jazz
porque faz vibrar
harmonia em pleno caos.
você é o pavio da imaginação.

(tudo dentro de mim é tão oceânico)

eu talvez hoje em dia
seja mais uma mistura
de sentimentos imprecisos
do que pensamentos confiáveis.

e assusta pensar
que posso me afogar
dentro do meu próprio ser sem ter um bote
ou pedaço de qualquer coisa pra segurar.

ter essa transparência conflitante
já afastou muitas pessoas da minha vida.
nunca fica mais fácil perder alguém
quando você tenta acostumar suas emoções.

mas eu não posso carregar tanta culpa.
eu não posso nadar no raso se tudo
dentro de mim é tão oceânico.
eu não posso viver com medo de mergulhar.

então eu tento respirar,
com um despertar de cada vez,
o maior amor que posso cultivar
por mim e pra mim.

(eu sou recíproco com a solidão)

eu não sei se agora
existe um mundo em mim.
eu sei que sinto falta
de algo que me lembre ele.

a sensação de lar
ao ser abraçado
e a proximidade desse gesto tão único.
o carinho espontâneo.

queria estar submerso
na natureza, mas tudo que consigo
é ficar com o gosto amargo
da realidade e da distância de tudo.

eu sei que agora
existe um muro que me divide.
de um lado eu tenho tristeza,
do outro eu tenho incerteza.

para qualquer direção que a minha
alma aponte ou faça um esboço
para querer atravessar, paraliso.
hoje eu sou recíproco com a solidão.

(eu queria uma folga de ser sentimental)

eu recomeço a cada despedida.
eu me refaço a cada tombo.
eu juro nunca mais prometer.
eu penso sempre na próxima vez.

eu gosto de caminhar com as ruas vazias.
eu gosto de entrelaçar pernas na cama.
eu às vezes gosto de coisas que ninguém gosta.
eu quase me perdi uma vez no caminho de volta.

eu não sei nada de física quântica.
eu sei um pouco de sexo.
eu tenho um livro que nunca li.
eu tenho medo mais do dia do que da noite.

eu queria ser outra pessoa.
eu queria saber fazer algo incrível.
eu queria existir um pouco menos.
eu queria uma folga de ser sentimental.

(amor com frequência)

o que é um rosto?
uma forma de nomearmos alguém.
o que é um corpo?
uma forma de definirmos alguém.
mas e uma alma?
eu digo que é como conhecemos alguém.

a alma estabelece o verdadeiro amor.
a alma é responsável por não precisar dizer
ou trazer significado para o que os nossos olhos
e preconceitos facilmente distorcem.

a alma não tem gênero,
mesmo com a gente querendo que eles
sejam bem explicados, bem acomodados.
a diferença de reparar na alma de um ser humano,
ignorando o seu rosto e o seu corpo,
pode ser um passo gigante para quem tem
o coração apertado e a mente datada.

mas, de modo algum, se apaixonar pela alma de
alguém é deixar de considerar o que realmente
atrai, impulsiona, faz se sentir em pertencimento,
soma, contempla e, por que não,
faz companhia?

quem dera perguntar sobre a alma de uma pessoa
fosse sempre visto como o mais importante.
talvez a gente visse e experimentasse o amor
com mais frequência e menos vaidades.

(no seu tempo)

apanhou os maiores
sonhos e decidiu
começar de novo.

sem fugas e
sem atrasos
foi de encontro
ao próprio amor.

não teve outro jeito,
as coisas precisavam
mudar e os sentimentos
pediram renascimentos.

aos poucos juntou forças
e percebeu o quanto
era necessário reiniciar
os instantes gravados.

terminaram os arrependimentos
e os dias nublados.
sentou com as estrelas
e viu tudo no seu tempo.

(sorte)

demonstrar o que se sente
não é fugir da felicidade
mas aumentar as suas chances
de encontrá-la, de tê-la por perto.

o grande problema são os intervalos
até o devido momento.
demora uma maturidade para
certos inteiros se conhecerem.

mas, quando chega o dia,
tudo muda. parece oceano
e cabe tudo num abraço.
é a sorte em sinceros pedaços.

(juntos)

que fique um gostinho
das nossas noites jogados no sofá,
maratonando narrativas
e sentimentos temperados
pelas intimidades trocadas.

que esteja claro o quanto
combinamos em sabores,
mesmo que feitos com
ingredientes diferentes
dos encontrados por aí.

que no dia seguinte da nossa saudade
ainda sobre liberdade e um pouco
de poesia para continuarmos famintos
mas dispostos por várias e várias
loucuras a mais.

(móbile)

eu sou um movimento que não pode ser parado.
uma força livre e espontânea forjada
pelas experiências vividas
e pelos desencontros inesperados.

não tenho cadeados
e não tenho figuras que me sabotem
ou me desvalorizem em dias aleatórios.
eu vou e me deixo pertencer
quando e com quem quero.

deixo que digam.
deixo que pensem.
deixo até que apontem e discutam
sobre os meus gostos e passados,
presentes e futuros.

mas eu não permito, e isso em qualquer instante,
que desmereçam
ou distorçam os meus sentimentos.
eles são meus.
eles são quem eu represento.

não devo nada.
não peço por nada.
apenas exerço a minha
liberdade de ser e existir no
infinito de inteiros ao meu redor.

(exagerada)

não é exagero quando me
olho no espelho e vejo virtudes ou
quando reconheço a minha beleza,
seja ela com sinais e
outras marcas na pele.

não é exagero enxergar o que
tenho de melhor sem que mais alguém,
por qualquer motivo ou ocasião
se interesse.
não é exagero mesmo.

não é exagero ter amor
mas muito muito amor,
tanto o próprio quanto o
vindo de fora.

não é exagero passar da dose
quando é para que eu admire o
mais sagrado e o mais sincero
dentro de mim.
não é e nunca será.

(o quase nenhum espaço entre nós)

eu gosto de quando o seu sorriso
me toca, gosto de como ele desperta
o meu corpo, fazendo desta casca
nada além de ebulição.

já faz um tempo que fiz da minha
vida a nossa e muito mais.
te entreguei uma alma
sem vaidade e nunca pedi nada
a não ser a verdade em troca.

eu gosto de nós,
eu admiro o jeito que você
me leva a lugares inexplorados
do meu coração.
é tão tranquilo e honesto.

quero, acima de tudo, nunca
escondendo o que tenho nas mãos,
pois acompanhar você
é a melhor e mais excitante direção.

(o sabor do afeto)

o que eu desejo?
mais do que tudo tranquilidade.
quero uma existência sadia
sem que o meu eu fique preso.

a minha confiança
merece respeito e fidelidade.
não preciso do "se"
ou do depois,
conheço bem esses lados.

imensidão é o mínimo
que me permito e também acredito.
talvez não seja possível
em todas as vidas nas quais cruzo.

tudo bem, sou livre
com esse andar de quem prefere
experimentar o agridoce
em cada novo dia visto da janela.

(intervenção poética)

versos constantes
para sentimentos
que pedem passagem.

eles simplesmente brotam,
evoluem e transbordam.
é assim
desde que me entendo por coração.

boto a cara e a alma
em acasos e destinos
desconhecidos
e também vividos.

faço porque preciso,
preciso porque sinto.
não tenho escolha.
o amor em mim opina.

(mulher)

ela que sobreviveu
aos maiores acasos e descasos
da percepção alheia e nunca desistiu.

continuou firme em forma de coragem,
tudo com uma sensibilidade precisa
e inquestionável até para o mundo.

ela que sempre quis navegar
pelas próprias escolhas sendo a dona
e rainha de si e nunca de alguém.

não perdeu o riso da vida,
não abandonou o encanto do tempo
e jamais deixou de lado o amor que lhe é intransferível.

ela que luta todos os dias
com o coração erguido e o orgulho saltando
pela boca. ela é mulher e muito mais.

(mergulho)

tomei rumo quando me deparei
com o seu jeito leve de entender
o passado que vivi.

chego para acrescentar belezas
e muitos planos aos seus dias mais ou menos.
distâncias não precisamos.

mergulho no presente para me afogar
em suas vírgulas e reticências sem medo
de possíveis consequências.

meu corpo já gravou o endereço
dos carinhos que você se dispôs.
mergulho em você de olhos abertos.

(olhar livre)

cansei de pesar tanto
sobre a minha cabeça
os términos que eu não queria ter
atravessado.

notei que não faz o menor
sentido ficar remoendo
histórias que já tiveram
o seu encerramento.

penso já ter carregado demais
nos meus ombros as saudades
e pontos intermináveis e exaustivos
de interrogações e culpas.

de agora em diante,
mantenho o olhar livre
para quem se interessar
pelo que sinto.

(tinha de ser amor)

dizem que dói muito,
que machuca de tal forma
que fica difícil entender o porquê.

culpados por um crime muitas vezes
sem suspeitos convictos,
apenas improváveis.

no entanto, recebem o nome
de amores imperfeitos, pois são falhos
e afogados em incertezas.

insistem nos erros, suplicam outra chance,
mas se esquecem do fundamental:
amor é para alcançar amor.
...
quando um abraço não sustenta dois
é quando mais dói.
aí não tem volta.

(com você)

nunca achei que teria a sorte de esbarrar
com um amor que durasse e não maltratasse o peito.
sempre pensei que fosse utópico, o tipo
todo criado na minha imaginação.

você surgiu sem convite,
fez do nosso laço um caminho,
coloriu os meus piores lados
e não deixou de caminhar comigo.

se tenho algo para dizer além do óbvio
é obrigado por estar e ser o melhor
inteiro de todos os meus
inícios e fins.
não vim para desistir e deixar
o amor cansar nos nossos passos
diários e aleatórios do universo.
quero tropeçar com você.

(desejo intenso)

não há gosto, mas alimenta.
não há forma, mas é possível de tocar.
ela é feita de palavras, verbos, substantivos e
adjetivos e, mesmo assim, o corpo absorve e
transcende inexplicavelmente,
avassaladoramente.

pode ser um grito no silêncio,
como também um silêncio gritante.
é mais, menos, tudo e nada.
é poesia adentrando nos
poros e orifícios sem pedir licença.

violando alma, coração e sentido,
por vezes é necessária.
mas em determinados momentos,
não cabe sentido ou motivo de
preocupação.

poesia de lábios oníricos e
corpos homogêneos.

(alucinação)

sigo palavras,
luzes acessas.
será o nosso fim.

as conversas, os beijos
sem pressa.
você em mim.

a saudade, a intensidade
de verdade bem assim,
descontrolada.

sigo palavras,
noites inteiras.
amor enfim.

(tem de ser leve)

primeiro veio o toque.
mãos se conhecendo e admirando
aquilo que só poderia ser realidade.

depois vieram os sorrisos.
as almas expostas, dançando
entre uma gargalhada e outra. quem imaginaria?

mais adiante, os abraços.
ah, que abraços, que cheiros.
ofegantes, beijos aconteceram.

e foi assim. e é assim.
ficção ou não, em nada foi breve.
e muito menos deixou de ser leve.

(coisas do universo)

alcanço você em palavras
e significados
que nunca ouviu falar

uma nova língua,
um novo presente,
um intenso querer.

estamos nas páginas diárias
e nas colunas semanais, e todos sabem,
todos prestam atenção.

eu te decifro,
contemplo,
escolho te pertencer.

eu e você
acostumados com o amor.

(o amor maduro)

a minha vontade era de eternizar
você em cada linha que traço,
em cada verso que dedico.
mas quando penso nisso,
percebo a tamanha injustiça no meu coração.

não reservar espaços para outros afetos
seria como não ter a coragem de aprender e,
muitas vezes, valorizar a sua importância
na melodia que criamos.

faz parte da nossa canção
escalar o tempo
e considerar a duração
dos momentos urgentemente compartilhados.

talvez ainda falte um tanto para terminar
as lacunas entre os goles dos quais bebemos.
se você me perguntar o porquê dessa minha sede em continuar,
fatalmente, eu lhe escreveria com ainda mais sentimentos.

dizendo ou não alguma coisa
seriam todos cortejos e erupções da minha alma
ausente de coerência quando se trata
de demonstrar o infinito por você.

(durante você)

e despidos não só de trajes,
mas de medos também
jaziam fragmentos de nós.
o carinho tênue suplantava
a saudade do tempo que perdemos.
hoje foi o sonho que tive.

longínquo, mas não ausente,
o paladar audacioso ia de encontro ao seu mais bem querer.
restava reconhecer o inatingível
amor.
cabe senti-lo.

(a liberdade é agridoce)

a liberdade que eu sinto
não é feita a partir de nós
desatados e correntes
emocionais quebradas.

falo da liberdade na sua intrínseca
e essencial forma.
mas, obviamente, ela tem o seu preço.
no meu caso, o pagamento é amor demais.

daí vem o agridoce dessa liberdade
não vista, não dita, não tateável.
é uma liberdade agridoce porque
meu corpo fala e escuta o seu chamado.

(uma ligação, uma conexão)

você atendeu à minha ligação,
nos falamos sobre o superficial da vida e,
quando nos demos conta,
a excitação tomou nossas vozes.

então a cada nova palavra dita,
significava desenhar um no corpo do outro,
mesmo que na imaginação.
tínhamos uma conexão ali.

ficamos nus e, no entanto, não nos vimos.
gozamos e, no entanto, não nos tocamos.
mas a conexão feita naquela ligação
foi o suficiente para afogar o nosso querer.

(excitação)

eu quero você do mesmo jeito que me quer.
não tem muito segredo entre o que eu quero
e o que você quer.
está escrito no contorno do seu sorriso sacana
e no olhar custoso na direção do meu.

se houve algum momento de dúvida,
ele foi dissipado pelo gosto da sua língua,
pelo abraçar das suas mãos no meu corpo permitido.
excitação.
almas nuas.

se você tem fome, eu sou o desejo em arrepios,
disponível para causar alvoroço.
deixe que escutem os nossos ritos,
pois sintonia alguma deve ser
privada de suor e prazer.

então, vamos agora ou depois?
eu aguento esperar,
mas não prometo não explodir
êxtase no primeiro contato
gentilmente suplicado por você.

(contraste)

sem querer ou mesmo
imaginar, o pensamento em você
me invadiu os dias.

era uma sensação estranha
e até então adormecida
ter em mente alguém
tão distante das minhas várias histórias
e caminhos percorridos.

pus-me então a pensar
em como isso poderia estar acontecendo
e a conclusão encontrada
acabou sendo
uma não resposta.

o que, pra mim,
é melhor que ter uma reposta.

porque agora significa
que ela pode ser construída.
que ela não está definida
e presa nos rótulos
às vezes estúpidos que insistimos.

de fato, sei que pensar em você é bom.
e pensar no próximo encontro,
mesmo imaginário

ou irreconhecível, acaba por ser
um dos meus hobbies
favoritos do dia.

índice dos poemas

porque sou recíproco

"o amor é também" 11
"já faz tempo que ando" 12
"chamamos de egoísmo" 13
"para mim" 14
"a sua ausência dói quando estamos juntos" 15
"acho um desperdício" 17
"externo – o coração dela ficou" 18
"eu ouço o teu chamado" 19
"é acalanto saber da nossa sintonia" 20
"às vezes a vida é um apanhado" 21

fragmentos recíprocos

"o amor é um beijo (...)" 25
"eu me apaixono" 25
"deixar alguém (...)" 25
"estar triste (...)" 25
"eu não consigo não me importar" 25
"significa trair todos os amores" 26
"o amor ideal existe" 26
"eu e você é como imagino a vida" 26
"ser vulnerável é bonito demais" 27
"nunca foi tão necessário" 27
"pela vida (...)" 27
"prestar atenção no que a outra pessoa tem a dizer" 27
"a melhor qualidade dela (...)" 28
"enquanto o amor não vem" 28

"tenho riscado da minha lista de levezas" 28
"não quero viver uma vida de experiências rasas" 29
"hoje sou diferente de ontem" 29
"são tantos eus" 29
"ciclos são interrompidos diariamente" 29
"reciprocidade é ter um sentimento" 30
"as pessoas querem ser íntimas" 30
"o meu amor alvorece e prevalece" 30
"a diferença entre (...)" 30
"o que me dá mais saudade (...)" 30
"eu não trago nenhum desejo" 31
"sempre fui paixão" 31
"o meu maior medo (...)" 31

eu sou recíproco o mundo queira ou não

(gozar é uma escolha) 35
(convite) 36
(o amor é jazz) 37
(tudo dentro de mim é tão oceânico) 38
(eu sou recíproco com a solidão) 39
(eu queria uma folga de ser sentimental) 40
(amor com frequência) 41
(no seu tempo) 43
(sorte) 44
(juntos) 45
(móbile) 46
(exagerada) 47
(o quase nenhum espaço entre nós) 48
(o sabor do afeto) 49
(intervenção poética) 50
(mulher) 51

(mergulho) 52
(olhar livre) 53
(tinha de ser amor) 54
(com você) 55
(desejo intenso) 56
(alucinação) 57
(tem de ser leve) 58
(coisas do universo) 59
(o amor maduro) 60
(durante você) 61
(a liberdade é agridoce) 62
(uma ligação, uma conexão) 63
(excitação) 64
(contraste) 65

© 2021 Gui Moreira Jr.
Todos os direitos desta edição reservados à Laranja Original

www.laranjaoriginal.com.br

Edição
Filipe Moreau
Projeto gráfico
Iris Gonçalves
Produção executiva
Bruna Lima

Laranja Original Editora e Produtora Eireli
Rua Capote Valente, 1198
05409-003 São Paulo - SP
Tel: (11) 3062-3040
contato@laranjaoriginal.com.br

Dados Internacionais de Catalogação na Publicação (CIP)
(Câmara Brasileira do Livro, SP, Brasil)

Moreira Junior, Gui
 Recíproco / Gui Moreira Jr.. -- 1. ed. --
São Paulo : Laranja Original, 2021.

ISBN 978-65-86042-21-4

1. Poesia brasileira I. Título.

21-70347 CDD-B869.1

Índices para catálogo sistemático:
1. Poesia : Literatura brasileira B869.1
Cibele Maria Dias - Bibliotecária - CRB-8/9427

Fonte: Segoe UI
Papel: Pólen Bold 90 g/m²
Impressão: Forma Certa
Tiragem: 150 exemplares